DU

DÉVOUEMENT PASTORAL

DISCOURS

PRONONCÉ

A L'INSTALLATION SOLENNELLE

DE M. L'ABBÉ LUCOT

CURÉ ARCHIPRÊTRE DE LA CATHÉDRALE DE CHALONS

LE DIMANCHE 23 SEPTEMBRE 1877

PAR M. L'ABBÉ A. DESCHAMPS

VICAIRE GÉNÉRAL DE CHALONS

CHALONS-SUR-MARNE

IMPRIMERIE T. MARTIN, PLACE DU MARCHÉ-AU-BLÉ, 50.

1877

DU

DÉVOUEMENT PASTORAL.

DU

DÉVOUEMENT PASTORAL

DISCOURS

PRONONCÉ

A L'INSTALLATION SOLENNELLE

DE M. L'ABBÉ LUCOT

CURÉ ARCHIPRÊTRE DE LA CATHÉDRALE DE CHALONS

LE DIMANCHE 23 SEPTEMBRE 1877

PAR M. L'ABBÉ A. DESCHAMPS

VICAIRE GÉNÉRAL DE CHALONS

CHALONS-SUR-MARNE

IMPRIMERIE T. MARTIN, PLACE DU MARCHÉ AU-BLÉ, 50.

1877

DISCOURS

PRONONCÉ

A L'INSTALLATION SOLENNELLE

DE M. L'ABBÉ LUCOT

CURÉ ARCHIPRÊTRE DE LA CATHÉDRALE DE CHALONS

PAR

M. L'ABBÉ A. DESCHAMPS, VICAIRE GÉNÉRAL.

> *Cupide volebamus tradere vobis non solum Evangelium Dei, sed etiam animas nostras : quoniam carissimi nobis facti estis.*
>
> Nous désirions ardemment vous donner non-seulement l'Evangile de Dieu, mais jusqu'à notre propre vie : tant vous nous étiez devenus chers !
>
> 1 Thess., II, 8.

MES FRÈRES,

Je me le demande, non sans une profonde émotion, en gravant dans mon âme les paroles de ce texte sacré, est-ce la voix du grand Apôtre que nous venons d'entendre ? Ne dirait-on pas celle du bon pasteur que Dieu rappelait à lui, il y a si peu de temps encore !

Comme ces paroles, adressées par saint Paul aux chrétiens de Thessalonique, se retrouvaient admirablement placées sur les lèvres du prêtre saint dont le doux et pieux souvenir est ici, en ce moment, présent à tous les esprits, — au vôtre, surtout,

Monsieur l'Archiprêtre ! Comme ce cri de la charité apostolique et de la charité pastorale exprimait bien le vœu ardent de son cœur !

Oui, au moment où la mort, si soudaine ! est venue l'arrêter dans la voie du sacrifice, de l'immolation, et lui faire connaître cette mystérieuse volonté de la Providence qui l'arrachait, plein de jeunesse encore, à une tâche à laquelle répondait si admirablement chacune de ses éminentes qualités sacerdotales, — oui, à ce moment solennel, il aurait pu vous dire, en face de sa tombe entr'ouverte, comme il vous le dit aujourd'hui du haut du Ciel :

« Je désirais ardemment vous donner non-seule-
« ment l'Evangile de Dieu, mais jusqu'à ma propre
« vie : tant vos âmes m'étaient devenues chères
« depuis le jour où elles me furent confiées ! *cupide*
« *volebamus.* »

Ah ! il vous l'a bien montré, que tel était le vœu qui avait toujours fait battre son cœur de pasteur ! Et qu'importe que son apostolat ait été de si courte durée ? Qu'importe que pour vous donner l'Evangile de Dieu et sa propre vie il n'ait eu à la disposition de son zèle, comme de son dévouement, qu'un aussi petit nombre d'années ? Qu'importe, en un mot, qu'il n'ait fait que passer au milieu de vous si, dans ce court passage, il a pu cependant se donner et se faire tout à tous « pour vous sauver tous [1] ? »

Il n'a fait que passer : mais, à l'exemple du divin

(1) I Corinth., IX, 22.

Maître, « il a passé en faisant le bien ! » *pertransiit benefaciendo.*

Il n'a fait que passer : mais le bien, ne l'a-t-il pas fait avec d'autant plus d'ardeur et de hâte qu'il devait le faire moins longtemps ? — Était-ce chez lui pressentiment d'une fin prématurée? — On le dirait presque.

Il n'a fait que passer, c'est vrai : mais, durant les six années de son ministère pastoral dans cette paroisse, n'a-t-il pas beaucoup vécu au sens de la sagesse divine, qui compte une vie d'homme, non par les années, mais par les œuvres [1]? Durant ces six années, ne l'avons-nous pas vu se donner au salut de vos âmes, se donner sans réserve, se donner sans calcul !

Il calculait si peu quand il s'agissait pour lui de se donner aux devoirs de sa charge pastorale, que le jour où son zèle se trouva tout-à-coup trahi par le mal qui devait nous le ravir en quelques semaines, il ne consentait pas encore à discontinuer le travail. Il ne s'y résigna que sur un ordre formel de son Evêque ; et cet ordre, tout de bonté, nous avions été chargé de le lui transmettre.

Ah ! nous ne l'oublierons jamais ! Dans son sourire si plein d'affabilité sacerdotale, — comme tout d'ailleurs était sacerdotal dans sa personne, — dans son sourire, il y eut nous ne savons quelle fine expression qui voulait dire, et ce furent à peu près ses propres paroles : « J'espère que Monseigneur

(1) Sagesse, IV, 13

« voudra bien revenir sur cet ordre si paternel ! Sa « Grandeur me permettra de retourner au plus tôt « à ma tâche ; car j'ai, avant tout, même avant de « me bien porter, j'ai à faire acte de pasteur ; on « n'est pas prêtre, on n'est pas pasteur pour se « reposer. » — « *Cupide volebamus,* nous a-t-il « semblé ajouter, j'ai toujours désiré donner à mes « paroissiens non-seulement l'Evangile de Dieu, « mais jusqu'à ma propre vie : *tradere non solum « Evangelium Dei, sed etiam animas nostras.* »

Eh bien ! M. F., vous l'avez eue tout entière, cette vie de pasteur qu'il vous avait consacrée, qu'il vous avait si généreusement, si sacerdotalement offerte le jour où du haut de cette chaire, il y a de cela six ans, nous vous le présentions sous l'image du « bon Pasteur, » — cette douce image qui dit tant de choses !

S'il vous en souvient, nous lui avions, dans cette circonstance solennelle, appliqué ces autres paroles de l'Apôtre : « Je donnerai tout avec bonheur, et je me donnerai encore moi-même pour vos âmes : » *Libentissime impendam, et superimpendar ipse pro animabus vestris* (1).

En nous portant ainsi auprès de vous garant de ce que vous deviez attendre de son zèle et de son dévouement, nous avions été prophète. Il nous avait été facile de l'être, ... mais nous n'avions pas tout prophétisé !

(1) II Corinth. XII, 15.

Que nous étions loin alors de prévoir que dans six ans nous aurions à vous entretenir du zèle et du dévouement d'un autre bon pasteur !

Nous vous l'avouerons, M. F., en remplissant aujourd'hui ce nouveau mandat de Monseigneur notre Evêque, nous avons besoin d'être aussi assuré que nous le sommes de voir revivre, dans le zèle et le dévouement du pasteur qui arrive, le dévouement et le zèle du pasteur qui s'en est allé.

N'est-on pas saintement consolé, au milieu de tant de tristesse, de voir la main de la divine Providence substituer ainsi, à la tête d'une paroisse en deuil, à un pasteur dont le désir fut toujours, comme nous l'avons dit, de donner à son peuple non-seulement l'Evangile de Dieu, mais jusqu'à sa propre vie, un autre pasteur dont le cœur brûle du même désir et qui fait écho, lui aussi, à la grande parole de saint Paul : *Cupide volebamus* ?

Il en est ainsi, M. F., dans l'Eglise de Dieu : un apôtre succombe avant le temps, *consummatus in brevi*, un autre apôtre reçoit la mission de continuer l'œuvre interrompue, et le zèle de l'un semble se retrouver tout entier dans le zèle de l'autre.

C'est l'un des résultats de l'immortalité de l'Eglise et de sa perpétuelle jeunesse que dans son sein le zèle pastoral ne puisse s'éteindre et disparaître avec l'apôtre moissonné par la mort.

La flamme divine est là, elle reste comme suspendue; nous dirions volontiers « la langue de feu, » *tanquam ignis* [1], car le zèle, dans l'âme du prêtre, est une véritable effusion de l'Esprit-Saint ; — la flamme divine, disons-nous, est là, vivante ; elle semble attendre qu'une autre âme sacerdotale soit désignée à son action toute puissante.

Dieu a-t-il parlé par la bouche du pontife, elle s'empare de cette âme avec d'autant plus de force que cette âme de prêtre accepte la charge avec plus de modestie et de défiance de soi : — avec cette défiance de soi et cette modestie que vous y avez mises, Monsieur l'Archiprêtre, en courbant vos épaules sous le lourd fardeau.

Pour le dire en passant, M. F., le fait admirable de cette perpétuelle, de cette mystérieuse transmission du zèle pastoral, à travers les siècles, n'est pas le signe le moins frappant de la divine mission du prêtre catholique, du prêtre que l'on semble connaître si peu à l'heure présente ! Ce fait sublime dans sa simplicité nous montre que la mission providentielle du prêtre est de se dévouer, de se dévouer encore, de se dévouer toujours ! *Cupide volebamus.*

Et qui donc a dit que « rien n'égale ici-bas la figure du prêtre [2] ? » Le mot est vrai, et pour bien des raisons, en particulier parce que rien n'égale ici-bas l'inépuisable trésor de dévouement que le prêtre, avec l'aide de Dieu, sait trouver dans son cœur sacerdotal pour le mettre au service de sa divine mission.

(1) Actes des Apôtres, II, 3.

(2) Le mot est de M. l'abbé Lagrange, vicaire général d'Orléans, dans son beau panégyrique de saint Charles Borromée (7 nov. 1876).

Cette immortalité du zèle pastoral, unie à l'immortalité de la sainte Epouse de J.-C., nous rappelle une vérité que l'on ne devrait jamais oublier quand on a au cœur un peu d'amour pour le sacerdoce institué par Notre-Seigneur. Cette vérité, c'est que, précisément en vue de la divine mission à laquelle doit l'appeler sa consécration, le prêtre est essentiellement, et il le sera par toute l'histoire de sa vie sacerdotale, un homme de zèle, de dévouement, d'immolation, de sacrifice.

Il n'est appelé que pour se donner, il n'est consacré que pour se dévouer, il ne s'engage à autre chose qu'à s'immoler, et l'irrésistible besoin de son cœur n'est autre que de se sacrifier.

Voilà le prêtre !

Voyez-le dans le mystère de la vocation sacerdotale. Pourquoi, je vous le demande, ce jeune enfant qui dans son inexpérience de la vie ne sait encore qu'une seule chose, à savoir que l'Eglise est sa mère pleine de tendresse ; — pourquoi, dis-je, ce jeune enfant a-t-il entendu une voix d'en haut répéter sans cesse à son oreille les mêmes mots divins : « Enfant, tu seras « mon prêtre, tu grandiras à l'ombre de mes autels « sous le regard et sous la main du Dieu qui réjouit « ta jeunesse et qui sera le bonheur de toute ta vie ? » Encore une fois, quel est le secret de cette élection divine qui transforme ce jeune enfant en un futur soldat de la milice sainte?

J'y vois deux choses : du côté de Dieu, c'est le choix

d'une victime; du côté de l'homme, c'est une victime qui, avec des tressaillements indicibles et je ne sais quelle soif précoce d'immolation, répond à l'appel divin et prend de gaieté de cœur le chemin du sacrifice : « *Cupide volebamus*, j'ai un ardent désir de me « dévouer, mon bonheur sera de donner non-seule- « ment l'Evangile de Dieu, mais jusqu'à ma propre « vie, » peut déjà s'écrier le jeune élu du Seigneur.

Dans cette âme d'enfant, qui sera un jour une âme de prêtre, il y a une passion naissante, une sainte, une sublime passion : la passion du dévouement, la passion de l'immolation; et cette passion ne vient de germer sous le souffle de Dieu que pour grandir toujours. Elle se développera dans cette âme à chaque phase nouvelle de sa vie sacerdotale !

Pourquoi, plus tard, le jeune lévite que le séminaire a formé à la vie d'immolation s'est-il incliné une dernière fois sous la main du pontife et a-t-il reçu alors l'onction du sacerdoce ?

Ah ! s'il considère la dignité dont son ordination l'a revêtu, il peut, ce jeune prêtre, chanter son *Magnificat* ! Il peut s'écrier comme la bienheureuse Vierge Marie : « Le Tout-Puissant a fait en moi de grandes choses ! » *Fecit mihi magna qui potens est.*

En effet, le voilà institué intermédiaire entre Dieu et les hommes ! Il se trouve associé « au Christ Jésus, » comme parle saint Paul, « le seul médiateur, » au sens absolu du mot, entre la divinité et l'humanité, et « homme lui-même (1) : » *medius stat sacerdos*

(1) I Timoth., II, 5.

inter Deum et naturam humanam; c'est le mot de saint Jean Chrysostôme. Il est là, « allant sans cesse des hommes à Dieu et de Dieu vers les hommes; » — des hommes à Dieu pour lui porter leurs prières, leurs larmes, leurs angoisses, leurs espérances, leurs joies, surtout leurs repentirs; — de Dieu vers les hommes pour leur donner son Evangile et « leur annoncer leur pardon. »

Rôle sublime dans son objet : c'est la réconciliation du Ciel avec la terre!

Rôle merveilleux dans son universalité : il renferme tout, les intérêts de Dieu, les intérêts des hommes!

Quelle sainteté de vie une telle charge ne supposera-t-elle pas dans celui qui en porte, au sein de la paroisse, la redoutable responsabilité! Comme on comprend bien que le pasteur soit là, ainsi que vous avez toujours vu celui qui vous a quittés, — je m'adresse en particulier, M. F., à ceux d'entre vous qui ont eu le bonheur de connaître de plus près M. l'abbé Noblet, — comme on comprend bien, disons-nous, que le pasteur soit là, « le pied sur la terre où s'accomplit sa mission de sauveur d'âmes, la face vers le ciel, » d'où lui viennent la grâce et la force, ces deux éléments divins de la sainteté sacerdotale!

Mais en lui imposant l'obligation de marcher de sainteté en sainteté, de perfection en perfection, de force en force, *de virtute in virtutem*, la consécration sacerdotale a fait de lui un apôtre; elle l'a établi homme de zèle, de dévouement, d'immolation, de sacrifice; elle en a fait une victime! Ce n'est plus seulement, comme tout à l'heure, une victime destinée au sacrifice, c'est une victime désormais offerte en holocauste à la gloire de Dieu et pour le salut des âmes.

Mais, M. F., n'allons pas nous y tromper. Ce n'est point une victime passive. Ici la victime a conscience de son sacrifice. Elle l'accepte librement, elle l'accepte avec joie, *libentissime*, elle l'accepte avec un ardent désir de l'accomplir tout entière, *cupide volebamus*, et c'est avec ce désir, nourri au fond de son âme, que le prêtre vivra désormais. L'accomplissement progressif et quotidien de ce désir, tel sera l'un des grands éléments de son bonheur et comme son pain de chaque jour. Que lui importera d'être méconnu, persécuté, pourvu qu'il se dévoue, pourvu qu'il se donne !

Mon Dieu ! que l'homme vulgaire est donc à plaindre de ne pouvoir, dans sa profonde ignorance des choses divines et son irremédiable aveuglement, contempler, pas même entrevoir dans ce jeune prêtre, l'essor divin que la consécration sacerdotale donne, en les surnaturalisant, à tout ce qu'il y a de plus généreux dans l'âme humaine ! Du moins nous, prêtres du Seigneur, rappelons-nous, — ici je n'ai à ramener à ce grand souvenir que moi-même, — oui, rappelons-nous ce zèle de la gloire de Dieu et du salut des âmes qui, au jour trois fois béni de notre ordination, s'emparait de nous comme un feu dévorant et embrasait notre cœur ! *Cupide volebamus.*

Mais les engagements sacrés que le jeune prêtre a pris à cette heure solennelle sous l'action pénétrante de la grâce de l'ordination, ces engagements formels, si généreux ! il les renouvellera sans cesse au fond de son cœur.

Chaque année il les renouvellera solennellement entre les mains de son évêque en présence des fidèles convoqués au saint lieu. C'est l'imposante cérémonie que vous contempliez naguère dans cette splendide cathédrale.

Il les renouvellera surtout, ces mêmes engagements, en célébrant les saints mystères, en se retrouvant chaque matin, seul à seul, en présence de l'adorable victime qui s'est donnée, elle, tout entière dans le sacrifice de la croix, et qui continue de se donner tout entière dans le sacrifice de l'autel.

Il y a un jour où il les renouvellera plus particulièrement encore.

Ce jour, Monsieur l'Archiprêtre, ce jour solennel entre tous s'est levé pour vous.

C'est le jour où l'Ange de l'Église de Châlons, en vous désignant, dans sa sagesse, à la direction pastorale de cette paroisse, vous a dit cette parole qui fait les pasteurs d'âmes : « Paissez mes brebis : » *Pasce oves meas!* Ce jour-là vous avez renouvelé devant Dieu, de toutes les puissances de votre âme sacerdotale, les saintes promesses de votre ordination, vous avez pris l'engagement de donner à ce peuple que le Pontife vous confiait, non-seulement l'Evangile de Dieu, mais jusqu'à votre propre vie. *Cupide volebamus.*

Je ne vous demande pas si dans quelques instants, à cet autel où vous allez monter pour la première fois au milieu de votre nouvelle famille réunie, je ne vous demande pas si votre cœur pastoral va éprouver le besoin de renouveler de nouveau les mêmes engagements sous le regard de Jésus-Hostie.

Je ne vous demande point, non plus, si, à ce moment décisif où vous en êtes arrivé de votre vie de prêtre, l'ardent désir que vous avez toujours nourri au fond de vous-même de sauver les âmes, d'étendre autour de vous le règne de Jésus-Christ, le triomphe de la foi, je ne vous demande point si cet ardent désir ne fait pas battre votre cœur avec plus de puissance que jamais.

Non, je ne vous le demande point. Comment en serait-il autrement? Vous êtes prêtre, vous êtes pasteur : comment ne seriez-vous pas un homme de dévouement? D'un autre côté, — pourquoi ne pas le dire, au risque de ne pas assez ménager votre modestie? parlant à votre famille paroissiale au nom du premier Pasteur, ne lui devons-nous pas la vérité? — d'un autre côté, disons-nous, est-ce que les éminentes vertus qui vous ont désigné au choix de votre saint Évêque ne forment pas en vous le « bon pasteur » au sens de l'Évangile, c'est-à-dire le pasteur qui donne « sa vie pour ses brebis ? »

Mais alors ne faites-vous pas un seul et même pasteur avec J.-C., pour J.-C., par J.-C. ? — car au fond, M. F., et telle est la doctrine de saint Augustin, en un sens divin il n'y a qu'un seul bon pasteur :

Jésus-Christ, résumant en lui « tous les autres bons pasteurs, » *in se habens omnes pastores bonos,* qui sont « ses membres : » *omnes ceteri, omnes pastores boni membra mea sunt. Ego sum, unus sum, mecum omnes in unitate unum sunt,* ainsi que le grand docteur fait parler le divin Pasteur des pasteurs [1].

Je pourrais m'arrêter.

C'est à dessein, M.F., que j'ai passé sous silence plus d'un mérite d'un autre ordre, rehaussant encore la valeur de votre nouveau pasteur. Pourquoi, par exemple, aurais-je mentionné sa science ecclésiastique ? Les beaux témoignages qu'il nous en a donnés ont été si hautement loués par la bouche de celui qui, à la tête de ce diocèse, représente la science, avec tant d'éclat, en ce qu'elle a de plus élevé ! Auraient-ils donc quelque chose à gagner à de nouveaux éloges ?

Mais si je me tais sur ce point et sur beaucoup d'autres, j'en ai assez dit, ce me semble, pour rappeler sommairement ce que fut ici M. l'abbé Noblet dont j'aime à saluer encore le nom béni, ce nom que vous garderez chèrement au fond de votre cœur, pieux fidèles de Saint-Etienne ! vous aussi, Monsieur l'Archiprêtre ! car, si pour cette paroisse c'est le nom d'un père, pour vous c'est le nom d'un ami : je ne pouvais négliger de le rappeler à ceux qui le pleurent

(1) Sermo 138. de verbo Domini Off. s. Irenæi

ici avec vous, à ceux qui ont été ses paroissiens et sont désormais les vôtres.

J'en ai assez dit aussi pour expliquer aux yeux de cette assemblée comment, quand le Pontife saint, dans sa grande sollicitude pour cette bénie paroisse de Saint-Etienne, s'est demandé ce qu'il avait à faire pour remplacer à ce poste d'honneur un prêtre, un pasteur de la valeur de M. l'abbé Noblet, comment, dis-je, Sa Grandeur a tourné ses regards vers un saint monastère de sa ville épiscopale. C'est là que Monseigneur allait rencontrer un autre prêtre d'un rare mérite à qui il pourrait dire avec confiance : « Courage, bon serviteur ! vous vous êtes montré « fidèle dans une charge moindre, quoique d'une si « haute importance aux yeux de la religion et aux « nôtres ! eh bien ! nous confions à votre zèle pastoral « qui nous est connu la première des familles parois- « siales dont nous avons à répondre devant Dieu, « comme père des âmes dans ce diocèse : » *Euge, bone serve ! quia super pauca fuisti fidelis, super multa te constituam.*

Monsieur l'Archiprêtre,

C'est dans cet appel de votre Evêque et dans l'acte d'obéissance sacerdotale si filialement accompli par vous, c'est dans ces deux saintes choses que vous rencontrez la première garantie assurée de la bénédiction divine réservée à votre nouveau ministère, comme elle s'était répandue sur votre ministère précédent. Ce ministère, puisque nous en parlons, a porté de si heureux fruits de perfection religieuse et de salut dans ces âmes saintes que vous avez toujours su conduire dans les meilleurs pâturages du Seigneur : insigne bienfait dont, brebis fidèles, elles garderont la mémoire devant Dieu.

Oui, dans cet acte de soumission demandé à votre modestie en présence d'une tâche toujours redoutable, il y a déjà pour vous une puissante raison de compter sur le secours d'en haut. Par la bouche du Pontife, c'est Dieu qui vous a parlé. Vous pouvez donc vous reposer dans cette fortifiante pensée : placé à la tête de cette famille paroissiale pour lui donner non-seulement l'Evangile de Dieu, mais jusqu'à ma propre vie, je suis où Dieu veut que je sois.

Il est d'autres motifs de confiance que je tiendrais à énumérer si ce discours n'était déjà trop long.

Voyez, par exemple, cette admirable intégrité de la succession pastorale qui vous est dévolue ! Grâce à la touchante sollicitude de l'un de vos vénérés collègues de l'éminent chapitre de cette insigne cathédrale, grâce, dis-je, au touchant dévouement de l'un de vos vénérés collègues chez qui les années semblent s'effacer devant la perpétuelle jeunesse d'un zèle sans limite ; grâce en même temps au concours des deux jeunes collaborateurs que vous rencontrez dans MM. vos vicaires, dont l'un, le premier, a eu la grande faveur de pouvoir se former aux nobles travaux du ministère paroissial durant les six premières années de son sacerdoce, passées auprès d'un pasteur accompli (béni soit le jeune prêtre qui sait bénéficier d'un avantage aussi marqué !) ; grâce à ces causes providentielles, rien, absolument rien, n'a souffert dans cette paroisse durant le douloureux veuvage qui trouve aujourd'hui son terme dans votre bienheureuse arrivée ; non, rien n'a souffert : les enfants n'ont pas cessé d'être instruits, les pauvres d'être secourus, les malades d'être visités, les âmes d'être dirigées (1).

Quand je parle des enfants, des pauvres, des malades, je n'oublie point que c'est dans l'exercice de ce triple apostolat du pasteur que le Pontife chargé de veiller aux destinées de ce diocèse nous a représenté celui dont le cercueil était là, attendant une dernière prière. Qui donc n'a encore présent à l'esprit cet éloge d'un fils moissonné avant le temps, éloge plein de larmes, sorti du cœur d'un père en un langage si ému, si éloquent !....

Eh bien ! Monsieur l'Archiprêtre, vous avez pour vous aider dans l'exercice de ce triple apostolat tous les secours dont a bénéficié votre saint prédécesseur.

N'avez-vous pas pour vous seconder dans l'œuvre capitale des catéchismes le concours toujours si dévoué des bons Frères de la Doctrine chrétienne et de ces

(1) Nous aimons à mentionner ici la coopération si zélée de l'un de MM. les missionnaires diocésains, que Sa Grandeur vient d'appeler à de nouvelles fonctions.

Religieuses de zèle qui dans cette paroisse sont, grâce à Dieu, à la tête des écoles ?

Auprès des pauvres et des malades qui ont besoin d'être secourus, je ne parle en ce moment que de ces derniers, n'avez-vous pas, vous aussi, pour aider votre ministère, le dévouement des saintes Filles de Vincent de Paul, ces messagères nées de tout bien à faire, toujours au service du pasteur de la paroisse pour ses œuvres de charité ? *Misit ancillas suas* (1).

Enfin, si à tant de motifs de consolation et d'espérance vous vouliez en ajouter un dernier, — ce ne serait pas le moindre, — je vous dirais de considérer votre famille paroissiale et la piété chrétienne qui l'anime. Il y a ici l'amour du tabernacle : Jésus-Hostie, notre hôte divin, est visité dans sa demeure ; il y a ici l'amour de l'autel : la sainte messe est fréquentée ; il y a ici l'amour de la table eucharistique : on connaît le prix de la communion et l'on en donne la preuve; il y a ici l'amour de l'Eglise et de son chef suprême, le Vicaire de Jésus-Christ.

Oui, ô Pie IX ! — nous sommes heureux de prononcer en ce moment ce nom trois fois béni : ce regard vers notre Père commun ne saurait que porter bonheur à votre nouveau ministère, Monsieur le Curé ! — oui, ô Pie IX ! dans cette pieuse paroisse de Saint-Etienne, vous comptez des âmes ardemment et tendrement dévouées à votre cause sacrée !

(1) Prov., IX, 3.

Telles sont, à nos yeux, Monsieur l'Archiprêtre, les principaux motifs de confiance dont vous pouvez vous inspirer pour assurer votre âme sacerdotale contre les inquiétudes qui s'imposent toujours, chez les âmes modestes, aux débuts d'une charge nouvelle. Confiance donc ! confiance et espérance !

La dernière parole prononcée du haut de cette chaire par celui que vous remplacez, *novissima verba*, a été une parole d'espérance. M. l'abbé Noblet terminait la belle série de ses instructions sur l'espérance chrétienne : « En vous, Seigneur, » s'écria-t-il, non sans faire pénétrer dans nos cœurs une vive et profonde émotion dont, pour notre part, nous garderons le souvenir; il y avait dans sa voix un tel accent de foi, nous montrant toute la fermeté de son espérance ! — « en vous Seigneur, j'ai espéré, et mon espérance ne sera point confondue ! » *In te Domine, speravi, non confundar in æternum !*

Sur les lèvres saintes qui l'ont prononcée dans la circonstance que chacun de nous se rappelle, cette parole visait le ciel : M. votre prédécesseur était à deux pas de la tombe !

Qu'elle se grave de plus en plus dans votre cœur, Monsieur l'Archiprêtre, cette parole du Psalmiste que nous chanterons ce soir en action de grâces ! Qu'elle soit votre cantique d'espérance pour la terre et pour le Ciel ! — pour la terre, durant le temps qui doit mesurer les années de votre ministère pastoral, — pour le Ciel, où vous trouverez, vous aussi, la récompense des sueurs fécondes dont vous aurez, à votre tour, arrosé le sillon qui dans le champ du Seigneur est désormais confié à vos soins !

C'est ainsi que dans cette douce solennité tout aura été pour la plus grande gloire de Dieu, pour le plus grand bien des âmes, pour notre plus grand bonheur à tous, pour le temps et pour l'éternité.

Ainsi soit-il !

Imp. T. Martin.

www.ingramcontent.com/pod-product-compliance
Ingram Content Group UK Ltd.
Pitfield, Milton Keynes, MK11 3LW, UK
UKHW020228200726
13856UKWH00004B/1661